AF728063

PLUS DE LOIS

DE

SURETÉ GÉNÉRALE

JUSTE APPRÉCIATION

DE

L'EMPEREUR NAPOLÉON III

PAR

LE MENDIANT EN HABIT NOIR

DE LA CHAMBRE DES REPRÉSENTANTS BELGES

DEUXIÈME ÉDITION

Entièrement conforme aux deux exemplaires qui furent lancés dédaigneusement par l'auteur dans ladite chambre ou chambrée des représentants belges.

PARIS

CHEZ TOUS LES LIBRAIRES

TENANT LES NOUVEAUTÉS RARES ET CURIEUSES

1866

TIMBRE IMPÉRIAL. 5 CEN. SEINE

L'ANTI-LABIÉNUS.

Sous presse et du même auteur.

A quelles conditions l'Empire sera éternel.

Cet ouvrage a pour objet de consolider les institutions impériales, et de dénoncer à Sa Majesté Napoléon III lui-même, de graves abus que bien certainement il ignore, et qu'on ne doit point tolérer ni lui cacher plus longtemps.

Cette publication délicate est contenue tout entière dans ces quelques mots d'un texte sacré : *Gloria in excelsis Deo, et in terrâ pax hominibus bonæ voluntatis*, texte dont voici la traduction politique et profane :

Gloire, dans toute l'étendue de la terre, à notre bon et puissant Empereur, qui est l'élu du peuple et de Dieu même (vox populi, vox Dei); *et paix et amnistie aux républicains ou socialistes inoffensifs ou de bonne foi!*

L'auteur fait un pressant et sérieux appel à tous ceux qui savent comprendre et soutenir les sincères amis du progrès !

Il vient d'être publié, sur *la Bande noire* et la *Librairie Parisienne* un ouvrage mis en dépôt chez M. Dentu, libraire, à Paris, au Palais Royal. On peut juger, *par ce premier essai très-défectueux* et par la présente brochure, s'il y a réellement lieu d'encourager l'auteur, un pauvre père de famille, ami du *progrès pacifique* et *légal*, un ancien fonctionnaire public intègre et irréprochable, *entièrement ruiné par des mesures administratives et arbitraires*, mais dont la foi en Dieu et en la justice de sa cause n'est pas moins profonde et inébranlable.

L'ouvrage ayant pour titre : *A quelles conditions l'Empire sera éternel*, contiendra deux fortes livraisons in-8°, du prix, chacune, de 3 francs, réduit à deux francs pour les personnes qui souscriront dans un bref délai.

On ne paiera qu'après la remise, sans frais, de chaque livraison; mais, pour que l'ouvrage puisse être imprimé, les souscriptions sont de rigueur. On les reçoit chez M. Rozez, libraire à Bruxelles, rue de la Madeleine, 87, et chez M. Dentu, libraire, à Paris, au Palais-Royal.

Le manuscrit est prêt. Il sera livré à une impression rapide et précipitée, dès qu'on aura recueilli cent souscriptions.

Bruxelles. — Typ. de É. Wittmann, rue de Schaerbeck, 65.

L'ANTI-LABIÉNUS

PLUS DE LOI DE SURETÉ GÉNÉRALE

99c

JUSTE APPRÉCIATION

DE

L'EMPEREUR NAPOLÉON III

BIBLIOTHÈQUE NATIONALE IMPRIMÉS

PAR FORTUNÉ ROUSTAN

Auteur des *Subtilités de la librairie parisienne* (ouvrage mis en dépôt chez M. DENTU, à Paris), et brutalement expulsé de Bruxelles pour avoir, à la Chambre des représentants belges, dans la séance du mardi 16 mai 1865 et du haut des tribunes réservées, prononcé d'un ton ferme et calme ces simples mots : *en ma qualité d'homme de lettres et de mendiant en habit noir, je vote pour l'amendement.*

2e ÉDITION

BRUXELLES

CHEZ TOUS LES LIBRAIRES

JUILLET 1865

TOUS DROITS RÉSERVÉS

I

A bas les lois de sûreté générale!

Le sieur Fortuné Roustan , libraire à Versailles, a placardé lui-même, sur les murs des principales places de cette ville, une affiche manuscrite ainsi libellée :

« *Extrait d'une pétition adressée au Sénat.*

» LA FORCE A FAIT LES PREMIERS ESCLAVES :
» LEUR LACHETÉ LES A PERPÉTUÉS !

» (*Maxime présentée dans un sens religieux*).

» **VIVE L'EMPEREUR**

» et, A BAS

» LES LOIS DE SURETÉ GÉNÉRALE !

» Une victime de ces lois, qu'il est urgent d'abroger, et qui,

» pendant son injuste détention, a été témoin de nombreux
» abus de pouvoir,

» Fortuné ROUSTAN,

» libraire, à Versailles, rue d'Anjou, nº 12, ancien
» Receveur de l'Enregistrement et des Domaines,
» auteur d'un ouvrage qui s'imprime à Bruxelles,
» avec ce titre : *A quelles conditions l'Empire*
» *sera éternel.*

» Affiche apposée le 19 janvier 1865. »

A raison de ce fait, le sieur Roustan a été condamné, par le tribunal correctionnel de Versailles, le 8 mars 1865, à seize francs d'amende et à trois mois de prison, *pour manque de respect aux lois de sûreté générale, et pour apposition d'affiches sans l'autorisation de la police.*

La Cour impériale de Paris a réduit les deux peines à quinze jours de prison.

L'arrêt, dans le fait rendu par défaut, bien qu'il soit qualifié de définitif et de contradictoire, est à la date du 26 avril 1865. Ni le sieur Roustan, ni Me Coulon, son avocat, n'étaient présents à cette audience.

Par suite de circonstances indépendantes de sa volonté, le sieur Roustan, ayant manqué le train de 10 heures et 1/2 au chemin de fer de Versailles, n'est arrivé devant la Cour impériale de Paris, qu'à une heure moins vingt minutes, après que son affaire venait d'être jugée. Il a demandé de suite à être entendu dans ses conclusions; mais M. le président de la Cour, M. Saillard, n'a fait aucun droit à une requête qui, évidemment, était légitime.

Voici quelles étaient les conclusions du sieur Roustan :

CONCLUSIONS MOTIVÉES.

§ 1er.

En ce qui concerne la peine de seize francs d'amende, pour contravention aux articles 1er et 5 de la loi du 10 décembre 1830 (apposition, sans l'autorisation de la police de Versailles, d'affiches traitant d'objets politiques) :

Attendu que les articles 1er et 5 de la loi du 10 décembre 1830, doivent être combinés avec l'article 45 de la Constitution du 14 janvier 1852, avec le décret impérial du 7 novembre 1863, et avec l'article 30 d'un autre décret impérial du 30 avril 1864;

Que le droit de pétition auprès du Sénat, conféré aux citoyens par l'article 45 de la Constitution, est général et absolu, et sans limites comme sans réserve ;

Que, d'après l'article 30 du décret du 30 avril 1864, les pétitions transmises au Sénat, doivent être discutées en séance générale, et, par suite, être rendues publiques au moyen de leur insertion, au moins par extrait, dans le *Moniteur* et dans les autres journaux ;

Qu'un décret impérial du 7 novembre 1863 a désigné six conseillers d'État, comme commissaires du gouvernement, pour prendre part devant le Sénat à la discussion des pétitions ; ce qui prouve toute la sollicitude de S. M. l'Empereur pour les droits des citoyens, aux pétitions desquels il entend donner toute la satisfaction et toute la publicité désirables;

Que les citoyens ont dès lors le droit, non-seulement de présenter des pétitions au Sénat, mais encore de les publier ou faire publier, au moins par extrait, soit dans le *Moniteur*, soit dans les autres journaux ;

Attendu que, qui peut le plus, peut le moins. Or, l'affichage n'étant qu'un des divers modes de pu blicité, publier l'extrai d'une pétition, par voie d'affichage, dans une seule ville, c'estt donner à cette pétition une publicité bien moindre que celle qui fût résultée pour la France entière, au moyen d'une insertion au *Moniteur* et dans les autres journaux ;

Attendu que la loi de 1850, qui défend d'apposer des affiches traitant d'objets politiques, ne saurait abroger ni modifier des lois qui lui sont postérieures et contraires, notamment la Constitution du 14 janvier 1852, et les décrets des 7 novembre 1863 et 30 avril 1864;

Attendu que la Constitution du 14 janvier, ainsi complétée par divers décrets postérieurs, a pour objet, sous un gouvernement où l'autorité est fortement assise, de laisser aux citoyens toutes les garanties nécessaires, surtout contre les abus de pouvoir que pourraient se permettre des fonctionnaires tout-puissants, fonctionnaires que des motifs de convenance et le respect dû à l'autorité ne permettent de citer que devant la haute juridiction du Sénat;

Attendu que soutenir, avec le ministère public, que les pétitions des citoyens ne peuvent être publiées qu'après le rapport fait au Sénat et conformément au procès-verbal des séances inséré au *Moniteur*, c'est méconnaître sinon la lettre, du moins l'esprit et la portée de toute la législation qui régit cette matière;

Attendu, en effet, que, sous un prince qui, devant le Corps législatif, comme devant l'opinion publique et partout ailleurs, proteste, avec raison, de sa parfaite loyauté, de son désir sincère de faire droit aux plaintes légitimes des plus obscurs citoyens, et d'accepter toutes les réformes utiles et raisonnables, il est impossible d'admettre que le droit de pétition soit sérieux, si les citoyens n'ont pas la garantie d'une double juridiction, comme devant les tribunaux ordinaires, et ainsi que cela se pratique chez tous les peuples civilisés;

Attendu que, sans prétendre que le Sénat de l'Empire français manque quelquefois à ses devoirs et dépose dans le panier aux oublis plus d'une plainte délicate, il est permis de penser que des pétitions peuvent s'égarer, être mal instruites, ou être perdues de vue ;

Que, tant qu'il ne sera point permis de s'adresser au Corps législatif, comme à un équitable et deuxième degré de juridiction, et tant qu'il ne sera pas même d'usage de délivrer un reçu des pétitions transmises au Sénat, les personnes qui, à raison de la nature ou de l'importance de leur plainte, auront intérêt à lui donner date certaine devant leurs concitoyens, n'auront d'autre ressource que d'en afficher l'extrait, et de contraindre ainsi le Sénat, d'une manière morale et sous la pression de l'opinion publique, deuxième et imparfait degré de juridiction, à remplir ses devoirs envers et contre tous ;

Que cette manière d'interpréter le droit de pétition, est en parfaite harmonie avec l'esprit qui a dicté les décrets des 7 novembre 1863 et 30 avril 1864, et surtout avec les intentions bien connues de Sa Majesté Napoléon III, le plus profond des politiques modernes, indignement calomnié, comme tous les hommes de tête et de cœur, et qui sera grand dans l'histoire, comme il l'est dans son siècle, malgré tous les libelles d'une impuissante démagogie ; or l'Empereur exige expressément que bonne et entière justice soit rendue à tout le monde ;

Attendu que Roustan ayant dénoncé au Sénat, le 15 janvier 1865, des saisies arbitraires de ses ouvrages faites par le ministre de l'intérieur et des arrestations et détentions également arbitraires et illégales, ordonnées à son préjudice et à celui d'autres personnes par M. ***, actuellement préfet à ***, avait le plus grand intérêt à ce que l'objet de sa pétition fût connu de ses concitoyens.

Qu'en affichant à Versailles l'extrait de sa pétition, et d'après tous les motifs énoncés ci-dessus, il n'a fait qu'user d'un droit résultant en sa faveur tant de l'article 45 de la Constitution, que des décrets des 7 novembre 1863 et 30 avril 1864 ;

Attendu que si, pour la ville de Paris, il existe des règlements qui obligent les particuliers à soumettre leurs affiches à la police, de tels règlements n'existent pas à Versailles, et le jugement déféré à la Cour ne les mentionne nullement;

Attendu, au surplus, ainsi qu'on va l'expliquer avec détail au § 2, que Roustan n'a fait qu'une simple tentative d'affichage, restée sans suite et non punie par la loi;

§ 2.

En ce qui concerne la peine de trois mois d'emprisonnement, pour manque de respect aux lois de sûreté générale; délit pour lequel il a été fait application des articles 2 *et* 3 *de la loi du* 27 *juillet* 1849 :

Attendu que, quelque délicate que soit la rédaction des affiches incriminées, en ce sens surtout que le public, contrairement à la pensée intime de l'auteur, n'aurait pas manqué, en dénaturant et abrégeant le texte de ces affiches par la suppression des mots : *vive l'empereur*, et *maxime présentée dans un sens religieux*, de les interpréter avec malveillance et d'une manière fâcheuse, il ne peut néanmoins exister un délit politique là où ne se rencontre aucune intention coupable, et qu'il résulte tant des débats que des pièces du procès, que Roustan n'a eu aucune intention mauvaise, ayant cru de très-bonne foi, et ainsi d'ailleurs que la loi l'y autorise, qu'il pouvait, *comme citoyen*, rendre public et par suite afficher l'extrait d'une pétition qu'il a réellement transmise au Sénat;

Attendu que par ces mots qui se trouvent en tête de l'affiche : *la force a fait les premiers esclaves, leur lâcheté les a perpétués* (*maxime présentée dans un sens religieux*), Roustan, qui est révolutionnaire à la manière de Notre-Seigneur Jésus-Christ, vrai Dieu et vrai homme dans le sens de l'Église catholique, et quoi que puissent en penser Renan et tous les faux sages du *Siècle;* Roustan, disons-nous, qui, pour le triomphe de la Religion et de l'Empereur, aussi bien que du droit et de la justice, est tout prêt à verser son propre sang, à la différence des démagogues et des socialistes de bas étage, qui ne savent verser que le sang des autres et bouleverser et perdre la société ; Roustan, disons-nous encore, par ces mots : *la force a fait les premiers esclaves, leur lâcheté les a perpétués* (*maxime présentée dans un sens religieux*), a entendu dire que la force ne fait esclaves que ceux qui consentent à l'être, et qu'on n'est jamais esclave, quand on est chrétien sincère et homme de cœur ; — que la protestation contre l'injustice, de la part des citoyens et par la voie des armes, est toujours répréhensible et coupable, car le précepte évangélique est formel : *non occides,* tu ne tueras point ; et, d'un autre côté, toute puissance vient de Dieu, *omnis potestas à Deo.* Quand la puissance est coupable, c'est à Dieu seul à la détruire ; et, en usurpant ses droits, en faisant appel à l'insurrection, on viole toutes les lois divines et humaines, au point, pour empêcher un mal, de créer un mal beaucoup plus grand et de faire du progrès rétrograde ; — que la seule manière d'arriver légalement et pacifiquement au progrès, consiste à protester par la parole et par la prédication, hautement, loyalement et courageusement, comme Notre-Seigneur Jésus-Christ ; de dire, au besoin et avec force, à l'Autorité, comme saint Jean-Baptiste : *non licet,* et de persévérer jusqu'à la fin, dût-on, comme saint Jean-Baptiste, avoir la tête coupée par l'ordre d'un despote, ou être crucifié, à l'instigation de fonctionnaires corrompus, comme notre sublime et divin maître ;

Attendu qu'on ne pouvait mal interpréter les affiches qui font l'objet du procès, qu'en supposant faussement que les mots : *Vive l'Empereur* et *Maxime présentée dans un sens religieux,* ne complétant point, dans le fait, la pensée de l'auteur, et n'étant introduits que comme ruse de guerre et pour masquer un délit, le public intelligent devait n'en tenir aucun compte;

Attendu qu'au moyen des explications qui précèdent, le véritable sens des affiches incriminées ne saurait être douteux ; qu'en bonne justice, un auteur qui s'exprime sincèrement et avec clarté, ne peut être responsable des interprétations malveillantes d'un public sans religion et sans vrai courage, d'un public aveuglé et corrompu par les passions les plus mauvaises, et qui appelle progrès et liberté ce qu'on appellerait avec plus de raison désordre et servitude;

Attendu que les divers ouvrages que Roustan a publiés depuis 1852 jusqu'à ce jour témoignent de son dévouement enthousiaste pour Leurs Majestés Impériales, et viennent à l'appui du véritable sens qu'il a entendu donner à ses affiches;

Attendu qu'en se servant, immédiatement après les mots : *Vive l'Empereur,* de ces autres mots : *à bas les lois de sûreté générale,* au lieu des termes plus décents et moins énergiques : *Plus de lois de sûreté générale,* Roustan n'a fait qu'exprimer le vœu d'un bon citoyen et qu'user d'un terme consacré par le vocabulaire politique; car, en cette matière, les expressions *vive* et *à bas* sont corrélatives, bien qu'en sens inverse, et constituent même seules le véritable mot propre. Or, exprimer en ces termes et sans aucune intention d'offense, d'une part, que l'on maintienne les institutions impériales, parce qu'elles sont réellement appropriées à nos mœurs et à nos habitudes, et, d'une autre part, qu'on abroge des lois qui compromettaient gratuitement ces institutions et qui, dans le fait, ont été abrogées depuis, ce n'est point manquer de respect à ces lois : c'est, au contraire, exprimer un vœu parfaitement licite, et user régulièrement d'un droit conféré à tous les citoyens par la Constitution du 14 janvier 1852;

Attendu, d'ailleurs, que les quatorze affiches manuscrites dont il s'agit, apposées par Roustan, à Versailles, le 19 janvier 1865, de sept heures à sept heures et demie du soir, par un temps froid et nébuleux, et composées presque entièrement de petits caractères, ont été, le même jour, dans l'intérêt de Roustan, dès huit heures du soir et avant que le public pût les lire, arrachées et lacérées, immédiatement et à mesure de leur apposition, par le fait du sieur Morin, entrepreneur d'affichage, et du sieur Alphonse Renout, son ouvrier, complices de l'apposition des affiches, comme ayant aidé Roustan à l'effectuer;

Que cette apposition, dans de telles circonstances, constitue tout au plus une tentative d'affichage qu'aucune loi ne punit soit de peines criminelles, soit de peines correctionnelles ou de simple police;

§ 3.

En ce qui concerne l'autorisation, demandée par Roustan, de faire afficher, à Paris et à Versailles, l'extrait du présent arrêt.

Attendu que Roustan, établi en magasin, rue d'Anjou, n° 12, à Versailles, exerce le métier de libraire, d'un commun accord avec la dame Mareau, sa femme, régulièrement pourvue d'un brevet, et mariée avec lui sous le régime de la communauté conventionnelle;

Que les poursuites intentées et les condamnations prononcées en première instance contre Roustan ont eu pour résultat inévitable de lui nuire dans l'opinion publique, et auprès de ses clients de Paris et de Versailles;

Que Roustan a dès lors un intérêt sérieux à publier par extrait et à ses frais la présente décision judiciaire, soit à Paris, où il est très-connu de ses confrères, soit à Versailles, où il n'est pas moins connu, et où sa condamnation à trois mois de prison a eu du retentissement :

Par ces motifs, le sieur Roustan conclut à ce que la Cour, faisant droit à l'appel interjeté :

Casse et annule le jugement rendu par le tribunal correctionnel de Versailles, le 8 mars 1865 ;

Renvoie, en conséquence, le sieur Roustan des fins de la plainte, sans dépens ;

Et l'autorise à faire afficher à ses frais, soit à Paris, soit à Versailles, les motifs et le dispositif de l'arrêt à intervenir.

Et ce sera justice !

OBSERVATIONS. — Il est permis de penser que si M. le président de la Cour impériale de Paris, avait laissé au sieur Roustan la pleine liberté de se défendre, celui-ci eût obtenu, au lieu d'une réduction de peine, l'acquittement le plus complet.

Aussi, est-il bien persuadé qu'on ne l'obligera jamais à subir ses quinze jours de prison.

Le droit et la justice s'y opposent.

II

Appréciation, par un citoyen français, des Propos de Labiénus.

Cette petite brochure n'est qu'un calomnieux et infâme libelle, plein de fiel et de passion, libelle dans lequel on insulte à la France plus encore qu'à l'Empereur.

Le mauvais citoyen Rogeard n'a oublié qu'une chose : c'est que la société française est régie par les principes du christianisme, et qu'avec ces principes, dont les gouvernements modernes s'imprègnent même malgré eux, et qui sont la base de toute liberté saine et véritable, les Néron et les Caligula, sont désormais impossibles !

Et comme contre-partie des diatribes de M. Rogeard, nous donnerons, dans toute la sincérité et toute la crudité de son langage, l'opinion du peuple français sur le coup d'État du 2 décembre 1851. Nous étions à Paris à cette époque, et nous pouvons attester que c'est bien de cette manière que s'exprimait le peuple parisien. Les vers qui suivent ont d'ailleurs été imprimés dès l'année 1853.

III

Opinion du peuple français sur le coup d'État du 2 décembre 1851.

Des partis impuissants ce fut le coup de grâce!
Il les écrasa tous, on n'en voit plus la trace.
Avec tant d'à-propos cet heureux coup porté
Longtemps retentira dans la postérité.
Ce grand coup, à lui seul, peut suffire à sa gloire,
Éterniser son nom, ainsi que sa mémoire;
Et le peuple, admirant un tour si bien joué,
Du Prince avec fureur partout s'est engoué.
« Napoléon, dit-il, est un gaillard habile
» Qui leur a démontré s'il était imbécile
» Comme ils le soutenaient. Ils voulaient l'arrêter;
» Mais, bien plus adroit qu'eux, il sut les dérouter.
» Son courage, égalant sa noble intelligence,
» Fut digne de son nom et digne de la France.
» Puisqu'il se dévoua, soyons donc généreux,
» Et proclamons bientôt l'Empire glorieux! »

Enfin, et comme preuve de notre dévouement envers l'Impératrice des Français et le Prince Impérial, ce noble et vivant portrait de sa digne et gracieuse mère (*ô matre pulchrâ filius pulchrior*), nous citerons une pièce de vers, également imprimée à Paris dès les premiers mois de l'année 1853.

IV

L'Impératrice des Français.

C'est l'ange que la Providence
Destinait à notre Empereur ;
Qu'elle règne donc sur la France,
Qu'elle en assure le bonheur !

Oui, la France avec lui l'admire
Comme un chef-d'œuvre de beauté ;
Sa vue excite le délire,
Son air annonce la bonté.

Elle aussi douce qu'un ange,
Pure comme le cœur pieux ;
Et cette destinée étrange
Ne fait pas un seul envieux.

Ah ! c'est que par sa modestie
Et par sa touchante pâleur,
Elle plaisait, anéantie
Devant Dieu, notre seul Sauveur.

Partout l'opinion publique
Affirme que le choix est bon ;
C'est de l'Espagne catholique
Le plus illustre rejeton.

Non, ce n'est pas une étrangère,
Elle est Française par le cœur;
A nous tous elle sera chère
Comme elle l'est à l'Empereur.

Aux pieds des autels elle incline
Un front aussi pur que chrétien,
De la religion divine
Se faisant le noble soutien.

Avec ce regard angélique,
Cette exquise simplicité,
Quel être divin, poétique !
Oh ! que de grâce et de beauté !

Comme elle était intéressante
Par son éclatante blancheur !
Son émotion ravissante
De chacun captivait le cœur.

Il eut, certes, la main heureuse,
Et c'est Dieu qui guida son choix ;
O souveraine gracieuse !
Impose-lui tes douces lois.

C'est par le bonheur domestique
Qu'on fait de l'État le bonheur (1) ;
A l'hymen de la politique
Il préfère l'hymen du cœur (2) !

---

(1) C'est-à-dire que, lorsqu'on a chez soi le bonheur et la paix domestique, on a plus d'aptitude et de temps pour s'occuper des affaires de l'État.

(2) Ce mariage avec une Espagnole est encore providentiel, en ce sens que c'est, en partie, la juste réparation des torts de Napoléon Ier envers l'Espagne.

On se souvient de Joséphine,
De sa grâce et de sa bonté;
Hélas! le public le devine :
De l'autre, qu'est-il donc resté?

O belle et douce Impératrice!
Les Français par toi sont heureux;
A qui souffre sois donc propice,
Accueille nos modestes vœux.

Bienfaisante et chaste *Eugénie*,
Dieu l'a voulu, règne sur nous;
Sois longtemps notre bon génie :
Te voir est un plaisir si doux!

Oui, ta race sera féconde
Comme celle que Dieu bénit;
Tu vas renouveler le monde,
Car c'est le ciel qui vous unit.

Paris, 30 janvier 1853.

Cette prophétie et plusieurs autres que l'on a faites dans le même temps, ont été réalisées depuis lors. On en parlera avec détail dans un ouvrage qui est sous presse et qui a pour titre : *A quelles conditions l'empire sera éternel!*

Pour qu'on puisse juger de l'esprit de cet ouvrage, nous allons en transcrire l'introduction.

A QUELLES CONDITIONS

L'EMPIRE SERA ÉTERNEL

PRÉFACE.

Par son égoïsme, son impiété et sa corruption, la noblesse a été la première cause des crimes de la Révolution française. Son règne *politique* est à jamais fini.

Quant au gouvernement de la légitimité, *respectable tant qu'il fut approprié à nos mœurs et à nos habitudes,* il est aujourd'hui en opposition formelle avec les vœux de l'immense majorité des Français. Or, tout gouvernement régulier doit s'inspirer de l'opinion publique, *sans néanmoins en devenir l'esclave.*

Les adultères publics de Louis XIV, les turpitudes non moins publiques de Louis XV, et l'odieux abus des lettres de cachet, ont d'ailleurs attiré, sur la race des rois se disant légitimes, la juste colère de Dieu. Cette race, en effet, est morte moralement gangrenée et pourrie matériellement dans la personne de Louis XV. Louis XVI, homme honnête et faible, ne peut compter comme roi, puisque, selon la maxime de Grotius, celui-là seul est roi qui gouverne réellement, *qui regit rex est.* Il en est de même de Louis XVIII, imposé à la France autant par les baïonnettes étrangères, que par l'égoïsme et la lâcheté, et au prix énorme de plus de deux milliards. Charles X, infidèle à des serments que lui ou son prédécesseur devaient ou ne pas faire ou tenir religieusement, et, dès lors, justement chassé comme un mauvais serviteur, ne saurait compter davantage.

Depuis 1789, le seul gouvernement régulier et national a été celui de Napoléon Ier, si heureusement rétabli par Napoléon III ; gouvernements qui ont l'un et l'autre tiré la France de la plus horrible anarchie. C'est donc en vain que l'Orléanisme, exploitant, comme toujours, des passions peu généreuses ou de bas étage, intrigue et se remue ; le gouvernement actuel n'a rien à craindre de ses menées souterraines.

Louis-Philippe premier et dernier, malgré des vertus apparentes et privées, fut un *conspirateur* et un *usurpateur*, dépouillé, avec raison, par l'Empereur Napoléon III, de propriétés qui appartenaient à la France, et qui étaient originairement et en grande partie, le fruit *peut-être* (1) de crimes secrets. Et, à un autre point de vue, Louis-Philippe premier et dernier (nous insistons sur le mot dernier), Louis-Philippe, produit bâtard d'une odieuse substitution, n'était pas même de sang royal. Voilà pourquoi Dieu l'a puni, d'abord dans la personne de son héritier présomptif, un innocent, qui ne fut coupable que du crime des autres, et que Dieu écrasa comme prince au jour de sa colère (*confregit in die iræ suæ reges*), mais en l'envoyant au ciel, comme le faible et incapable Louis XVI, en qualité, non pas de prince ou de roi, mais d'homme juste et de bon chrétien.

Dieu a puni ensuite Louis-Philippe premier et dernier, par le même droit d'insurrection en vertu duquel on l'avait porté au pouvoir : car, devant Dieu, toute insurrection, accompagnée d'une prise d'armes, est coupable, puisqu'elle a pour inévitable résultat de faire verser beaucoup de sang innocent, et que, devant Dieu encore, tout sang injustement versé crie vengeance.

Tel n'est point le cas d'un gouvernement régulièrement établi et que l'on veut renverser. Les chefs de ce gouvernement, lors même que, dans le principe, ils auraient secrètement conspiré, et qu'ils auraient ensuite usurpé le pouvoir, au lieu de s'enfuir lâchement, doivent se défendre jusqu'au bout; car à Dieu seul appartient le droit de briser, de la manière et au temps qu'il lui plaît, un gouvernement injuste et tyrannique.

Le peuple, même lorsqu'il se soulève contre un gouvernement de cette nature, est donc toujours coupable. C'est en ce sens qu'il faut entendre l'axiome chrétien : *omnis potestas a Deo*. Dieu, dans ses décrets impénétrables, et soit pour châtier un peuple corrompu, soit pour préparer la voie à un meilleur gouvernement, soit encore pour provoquer un changement de dynastie, peut permettre qu'un gouvernement injuste et tyrannique, comme l'horrible gouvernement de 1793, subsiste quelques années. Le peuple qui en souffre, doit se borner à le maudire intérieurement et à prier Dieu de nous en délivrer lui-même. Cette prière, si elle est sincère, sera tôt ou tard exaucée, sans qu'il soit besoin, d'après la doctrine de l'apôtre de la démocratie, de répandre le sang d'un seul juste.

Commençons dès lors par poser un principe que les républicains eux-mêmes ne peuvent contester.

« Dans tout état politique, nous dit Jean-Jacques Rousseau » (*septième lettre de la Montagne*), dans tout état politique, » il faut une puissance suprême, un centre où tout se rap» porte, un principe d'où tout dérive, un souverain qui puisse » tout. »

Un gouvernement fort, par cela seul qu'il est fort, n'est donc pas despotique : il est au contraire profondément et réellement républicain, s'il ne se sert de sa force que pour le bonheur de tous, pour le bien public, la chose publique, ou, comme disaient les latins, *res publica*.

Or, le gouvernement qui, à nos yeux, réunit ces conditions, est incontestablement celui de Sa Majesté Napoléon III. Comme le gouvernement de Napoléon Ier, le gouvernement de Napoléon III, en effet, a régénéré la France à l'intérieur et à l'extérieur, et l'a couverte de gloire devant le monde entier!

Ce gouvernement a été réellement établi d'une manière providentielle : la légitimité et la sincérité des votes sur lesquels il se fonde (*vox populi, vox Dei*) ne peut être contestée, puisqu'il a toujours obtenu une immense majorité de voix, malgré les menées hostiles des hommes et des fonctionnaires tout-puissants qui étaient alors au pouvoir. La lutte a été en outre pacifique et légale, et s'est terminée sans aucune effusion de sang.

Quant au grand acte du 2 décembre 1851, si indignement méconnu et travesti par un poëte romancier de premier ou de deuxième ordre, plus rocailleux et fantasque que juste et intelligent, et, dans tous les cas, triste individu politique et fort mauvais citoyen, nous prouverons avec détail, dans la *deuxième partie* de l'ouvrage, que cet acte, *réellement inspiré par Dieu à Napoléon III,* fut aussi grand que saint et légitime!

Mais ce n'est pas dans une préface qu'on peut développer les hauts faits accomplis par l'Empereur depuis bientôt quinze ans. Dès maintenant néanmoins nous disons en toute assurance : *Fecit potentiam in brachio suo, dispersit superbos mente cordis sui :* Dieu lui donna une âme noble et un grand cœur, pour qu'il protégeât les bons et les faibles et fît trembler les impies et les méchants, les journalistes surtout, ces artisans de désordre, qui, lorsqu'on ne met aucun frein à leurs coupables menées, ne cessent d'exciter les mauvaises passions, et couvrent tôt au tard la France et de sang et de feu!

Gloire, dirons-nous dès lors, gloire, dans toute l'étendue de la terre, à notre bon et puissant empereur, qui est l'élu du peuple et de Dieu même (*vox populi, vox Dei*), et paix et amnistie aux républicains ou socialistes inoffensifs ou de bonne foi!

Gloria in excelsis Deo et in terrâ pax hominibus bonæ voluntatis!

Ce qui entraîne par contre-coup cet autre vœu :

Malheür aux républicains de mauvais aloi, malheur aux socialistes de bas étage qui pousseraient encore au désordre et à l'insurrection, contrairement à toutes les lois divines et humaines; car alors l'Empereur, s'armant du glaive de la loi et terrible comme Dieu même, dont il serait le ministre, briserait sans pitié leurs têtes contre les pavés de Paris : *et conquassabit capita in terrâ multorum!*

Nous voulons dès lors avant tout que le gouvernement soit fort ; mais *c'est précisément parce que nous savons qu'il est fort*, que nous demandons avec insistance, *dans l'intérêt surtout de l'Empereur lui-même*, l'abolition entière et immédiate, sans aucune espèce de restriction ni de réserve, des lois de surêté générale votées en 1858 (1), lois nécessaires au moment où elles furent établies, mais aujourd'hui très-dangereuses ; car elles ont pour résultat direct de donner prise à la calomnie contre le gouvernement, qu'on accuse à tort d'être despotique (dans le mauvais sens du mot), et de ne pouvoir se maintenir, comme le dur et transitoire gouvernement de 1793, que par des moyens exceptionnels et violents. Or, de telles accusations ne peuvent, sans injustice, s'appliquer au loyal et ferme gouvernement de Sa Majesté Napoléon III. Il lui importe dès lors d'en supprimer la cause ou le prétexte.

En outre et dans la pratique, les lois de sûreté générale protègent des abus que le gouvernement ignore sans doute, et sur lesquels il est du devoir de tout bon citoyen de l'éclairer, même au prix de son repos ou de sa vie.

Notre ouvrage (l'*Empire Eternel*) est donc là tout entier : *abus de pouvoir* qu'il s'agit d'éviter au plus tôt et même de

---

(1) Une pétition dans ce sens, adressée au Sénat, a été chargée à la poste de Versailles, le 16 janvier 1865. Il a été, depuis, fait droit à cette demande, puisque les lois dont il s'agit ont cessé d'avoir leur effet au 31 mars 1865.

réparer ; et, d'autre part, mesures qu'il convient de prendre dans l'intérêt général et pour la plus grande gloire de Dieu, de l'Empereur et de la France.

D'où la division naturelle de l'ouvrage en deux parties, que l'on va successivement approfondir.

---

(1) Note relative à la page 20.

J'ai écrit la préface entière d'un seul jet et *dans mes moments d'inspiration*. C'est alors qu'en expliquant le passé, je suis quelquefois en mesure de révéler l'avenir.

La charité chrétienne m'a seule fait ajouter le mot *peut-être*, qui donne le caractère de doute à l'affirmation primitive et certaine d'un crime odieux et secret.

J'atteste ces faits, en ma qualité de chrétien catholique, comme les croyant sincères et véritables, et prêt, au besoin, à en répondre devant qui de droit.

A Bruxelles, hôtel de l'Amitié, place Rouppe, n° 8.

Le vendredi 5 mai 1865.

Fortuné ROUSTAN,

libraire à Versailles, rue d'Anjou, n° 12, receveur *démissionnaire* de l'Enregistrement et des Domaines.

Nota. Ma démission *motivée* a été transmise à Sa Majesté l'Empereur et au Sénat, le 23 octobre 1864, avec un exemplaire de mon ouvrage *des Réformes urgentes à opérer dans l'administration de l'Enregistrement et des Domaines*, ouvrage publié dès les premiers mois de l'année 1857.

Dans la crainte de passer aux yeux des incrédules et des athées, pour un homme atteint d'une hallucination religieuse; j'ai modifié ma rédaction primitive. La note ci-dessus commençait ainsi :

« J'ai écrit la préface entière d'un seul jet et dans mes moments d'in-
» spiration, *Notre-Seigneur Jésus-Christ daignant alors m'expliquer*
» *le passé et me révéler l'avenir*. »

Mais, exalté, halluciné, ou parfaitement calme, j'ai toujours les mêmes sentiments : Oui, j'affirme que Notre-Seigneur Jésus-Christ, surtout après que j'ai eu le bonheur de le recevoir dans la Sainte-Communion, *et à moins que, depuis plus de six mois, je ne sois dupe d'une illusion persistante*, me dit que l'avenir politique appartient réellement à S. M. Napoléon III et à sa dynastie, et que l'Empereur règnera au moins vingt ans encore, et sera remplacé pacifiquement par le prince impérial, *mais à la charge de protéger le Pape et le catholicisme, et de continuer à réprimer l'impiété et les excès de la presse.*

Bruxelles, le samedi 13 mai 1865.

www.ingramcontent.com/pod-product-compliance
Ingram Content Group UK Ltd.
Pitfield, Milton Keynes, MK11 3LW, UK
UKHW032033260826
14628UKWH00006D/2030

9 782012 462663